AF224538

RÉVISION

ET

DISSOLUTION

PAR

X....

PARIS

E. DENTU, Éditeur

3, place de Valois, Palais-Royal.

1888

RÉVISION

ET

DISSOLUTION

PAR

X...

***

PARIS

E. DENTU, Éditeur

3, place de Valois — Palais-Royal.

1888

RÉVISION ET DISSOLUTION

I

La France, la République passe en ce moment par une crise dont il ne faut pas s'exagérer la portée, mais que les républicains doivent étudier avec sang-froid et gravité ; examiner à la lumière du passé, de l'histoire, de l'expérience et du bon sens.

Dix-huit ans après Sedan, le pouvoir personnel ose lever la tête ; le césarisme réapparaît sous les traits d'un soldat sans prestige, sans nom, qui substitue au cheval blanc de Marengo et d'Austerlitz un cheval noir de parade, et ne doit sa popularité qu'à une chanson de café-concert au refrain facile et à une barbe taillée à la mode du jour.

Cet homme ridicule, en attendant qu'il soit tout à fait coupable, patronné par un groupe de lanceurs d'affaires qui connaissent à fond le système de réclame et toutes les finesses du métier ; ce général condamné pour indiscipline par ses pairs, par des militaires qui, avant lui, ont versé leur sang sur des champs de batailles et rendu de grands services à leur pays ; cet ancien ministre de la guerre qui, aujourd'hui, méprise, bafoue, insulte le Parlement qu'hier il adulait ; cet homme se pose en sauveur de la République qui ne court aucun danger, et, sous le couvert d'une formule qui le dispense de s'expliquer, de fournir un programme qu'il serait peut-être incapable de rédiger et auquel ses patrons plus rusés ne se soucient pas de mettre la main, nouveau César, il s'avance sur son cheval noir, le képi sur l'oreille et le sabre au côté, et crie à la France le commandement de « Révision ! Dissolution ! » comme pour monter à l'assaut de la République et prendre la forteresse de nos droits et de nos libertés !

Dans cette criminelle entreprise qui, si par impossible elle réussissait, amènerait la guerre civile, la guerre étrangère et peut-être le démembrement, il est le protégé, le complice, le « right man in the right place », comme disent les Anglais, des bonapartistes, des hommes de Brumaire et de Décembre, des hommes qui nous ont frappés de trois invasions !

Et, comme si ce n'était pas assez de cette alliance bien naturelle entre un général sans scrupules et les fauteurs de coups d'État, le chef, le représentant du principe de l'hérédité royale, le petit-fils de Louis-Philippe, le successeur du loyal comte de Chambord, reniant son grand-père, oubliant les saines traditions du gouvernement constitutionnel, les leçons des Casimir Périer, des Molé, des Guizot et des Thiers, qui ont servi la France avec patriotisme et talent, se met à la suite d'un aventurier dont il sera la dupe après en avoir été le complice.

Mais, chose plus triste à constater! des républicains, en proie à une sorte d'aberration d'esprit, d'irréflexion coupable, croyant désarmer le césarisme en lui empruntant sa formule, demandent aussi la révision et la dissolution et choisissent ce moment pour ébranler jusque dans ses fondations le gouvernement que nous avons mis dix-huit ans à consolider par notre patience, notre modération, nos sages concessions et nos efforts.

Nous avons bien raison de dire qu'un vent délétère souffle sur notre pays et que nous avons besoin de tout notre sang-froid, de notre énergie et de notre prudence, pour en prévenir les ravages. Mais, comme nous l'écrivions au début, si la crise est grave, elle est loin d'être irrémédiable. Le remède, il est dans l'énergie, l'indépendance, la franchise des gouvernants qui, par une attitude virile et nette, peuvent ramener dans le sentier du bon sens des populations un instant égarées et les éloigner du gouffre où s'engloutiraient la France et la Liberté.

Examinons donc ce que veulent dire ces grands mots de Révision, de Dissolution, qui sont aujourd'hui le thème de toutes les réunions publiques, le sujet des conversations et des articles de journaux.

Il est certain qu'il n'y a pas de questions plus grave que celle de la Révision, une constitution est souvent le but et généralement le produit d'une révolution, car elle coordonne, résume, précise les idées, les faits que cette révolution portait dans son sein et qu'elle a révélés. Mais, en pleine légalité, alors que n'apparaît pas clairement la nécessité d'ébranler, de refaire les fondements des lois constitutives, d'imprimer cette secousse à la législation, de modifier des institutions qui ont prouvé leur solidité et leur efficacité, c'est une entreprise bien hardie.

Nous dirons même plus. C'est une œuvre subversive ; car, treize ans à peine après que le pays, sortant de difficultés sans nombre, s'est donné une organisation politique qui a réparé ses ruines, assuré la paix et le développement de sa richesse, rétabli l'ordre et la sécurité, il est subversif, il est coupable de vouloir tout remettre en question et de livrer à la discussion des ennemis de la République ce qui en est la base et l'essence même.

Et qui demande cette révision ? Ce sont justement ces pires ennemis de nos institutions. Ce sont les bonapartistes, les monarchistes et quelques pseudo-républicains qui, voyant que chaque année la République pousse des racines plus profondes dans le sol, étend son ombre protectrice sur le pays, voudraient arrêter dans son développement cet arbre vigoureux et plein de sève dont chaque rameau est pour le peuple l'image des biens qui lui ont été si longtemps refusés et qu'il a conquis par ses efforts, sa sagesse et au prix de cruelles souffrances.

Ce sont ces hommes qui veulent agiter le pays, semer le trouble, l'inquiétude, le désespoir même, le pousser à bout pour le jeter dans les bras d'un maître qui confisquera à son profit la République, c'est-à-dire la liberté, la paix et le progrès.

Dissolution et Révision ne sont que les moyens pour arriver à ce but. Bien sots sont ceux qui ne comprennent pas où on les entraîne ; bien coupables sont ceux qui, le comprenant, suivent le mouvement, le favorisent et consentent à jeter le pays dans une guerre civile dont nos ennemis extérieurs sauront profiter.

Aussi, avant de traiter les délicates questions que soulève la Révision, demandons-nous s'il est nécessaire, absolument nécessaire de recourir à cet expédient dangereux. La constitution actuelle est-elle mauvaise? Ses défauts, si elle en a, sont-ils de telle nature qu'il soit urgent de les corriger ?

Eh bien ! nous répondons sincèrement : non. A coup sûr, elle n'est pas parfaite. Comme toutes les œuvres de l'homme, elle a des imperfections. Mais est-ce bien à la Constitution, à ses vices, comme on le dit, qu'on doive s'en prendre? Est-elle la cause principale du malaise dont on se plaint, de la situation pénible dans laquelle se trouve le pays? Ne serait-ce pas plutôt la faute des hommes politiques qui sont appelés à la mettre en pratique, de leurs préjugés, de leurs passions, de leurs rancunes, de leurs compétitions, des erreurs même du suffrage universel?

Ne se contentant pas d'attaquer la Constitution, ces entrepreneurs de troubles publics, ces monarchistes renégats, ces aventuriers qui se parent du nom de Républicains, se sont mis, depuis quelque temps, à lancer l'anathème contre le parlementarisme. Ils le traitent de régime d'avocats, de bavards; l'accusent d'impuissance, de stérilité et rejettent sur lui les fautes qu'on pourrait tout au plus reprocher à une Chambre divisée et qui subit les conséquences de son origine.

Impuissant, stérile, le régime qui a fondé définitivement la République et nous a donné la liberté comme elle n'existe nulle part! Impuissant, le régime qui a reconstitué notre armée, refait notre armement, élevé une frontière artificielle et assuré à notre pays une paix intérieure et extérieure que les gouvernements précédents n'avaient pas su ou pu lui donner! Stérile, le régime qui, par ses admirables lois sur l'enseignement, a fait pénétrer jusque dans les coins les plus reculés de la France les bienfaits de l'instruction, et par le développement des routes, des chemins de fer, des canaux, a imprimé un nouvel essor au commerce et à l'industrie ! Impuissant, le régime qui nous a rendu un domaine colonial perdu par les fautes, l'impéritie, la négligence de la monarchie et qui est aujourd'hui un objet de convoitise pour les puissances colonisatrices en attendant qu'il soit pour nous une source de richesse et de force !

Et, si la Chambre actuelle n'a pas fait tout le bien qu'on en attendait ; si, peut-être, elle n'a pas été à la hauteur de sa tâche et a trompé les espérances qu'on avait mises en elle ; si ses divisions, les compétitions de personnes, les luttes de partis, le groupement des fractions qui la composent, ont créé des mécomptes et l'ont privée de cette suite dans les idées, de cette constance dans les desseins si nécessaires à une bonne politique, accusons-en le suffrage universel qui dans un jour d'égarement n'a pas su y envoyer une majorité républicaine gouvernementale et progressiste ; mais accusons aussi certains républicains qui, par erreur de jugement, ont eu le malheur de suivre une ligne de conduite qui ralliait à eux les pires ennemis de la République. Ce sont eux, surtout, qui sont responsables du malaise politique qui règne, de l'instabilité qu'on nous reproche et qu'exploitent habilement nos adversaires. Eux seuls nous ont amenés à la situation fâcheuse dans laquelle nous nous trouvons ; et, sans vouloir mettre en doute leur attachement à la République, nous ne pouvons nous empêcher de dire qu'il est d'une

nature bizarre, et que le vrai patriotisme n'est pas celui
qui s'affirme seulement au moment d'un grand danger,
mais bien celui qui suit pas à pas la marche d'un peuple,
l'accompagne dans toutes les phases de son existence,
veille sur lui chaque jour et détourne ou tâche de détour-
ner les plus petits périls qu'on sème sous ses pas.

« Que ceux, donc, qui pourraient être tentés de se
» laisser séduire par les déclamations auxquelles on
» se livre contre le régime parlementaire en soient bien
» convaincus : la chute de ce régime serait le prodrome
» de l'asservissement et de l'avilissement de la France.
» En dehors du Parlementarisme, il n'y a pour un pays
» que soumission absolue, esclavage sous un maître,
» qu'il s'appelle empereur ou roi, premier consul ou
» dictateur. Ils le savent bien, ceux qui accusent aujour-
» d'hui le régime parlementaire de toutes les iniquités,
» dans le seul but de préparer les voies à l'ambition d'un
» général sans victoires. S'ils parvenaient à renverser le
» rempart de nos libertés, la France serait mûre pour un
» troisième empire plus humiliant que les deux premiers
» et dont le titulaire n'aurait ni le génie et la gloire
» militaire, comme le premier Bonaparte, ni le prestige
» d'un nom illustre et d'une légende héroïque comme
» le second. »

C'est le dernier paragraphe d'un article empreint du
plus pur patriotisme d'un grand journal de province;

article que nous ne pouvons mieux compléter qu'en citant les paroles de M. D. Raynal, député, prononcées dans un de ses récents discours à ses électeurs de la Gironde :

« Quand on a été pendant dix-huit ans un peuple » libre, on ne peut redevenir un peuple de laquais. »

II

Dans son ouvrage sur la Constitution d'Angleterre, Delolme écrit :

« Il est sans doute nécessaire au maintien de la Cons-
» titution de limiter le pouvoir exécutif, mais il est en-
» core bien plus nécessaire de limiter le pouvoir législatif.
» Ce que le premier ne peut faire que pas à pas et par
» une suite d'entreprises plus ou moins longues (je veux
» dire éluder ou renverser les lois), le second le fait en
» un instant. Comme sa seule volonté produit la loi, sa
» seule volonté la peut anéantir, et, si j'ose le dire, il
» peut changer la Constitution comme Dieu créa la
» lumière : d'un mot. Pour assurer la durée d'une cons-
» titution, il est donc indispensable de renfermer l'autorité
» législative dans de certaines bornes. Mais il y a cette
» différence entre le pouvoir exécutif et le pouvoir légis-

» latif, que, tandis qu'il est aisé de limiter le premier sans
» le diviser, il est impossible de borner le dernier autre-
» ment qu'en le partageant ; car quelques lois qu'il
» fasse pour se limiter lui-même, elles ne seront jamais
» par rapport à lui que de simples résolutions. Les points
» d'appui aux barrières qu'il voudrait se donner, portant
» sur lui et dans lui, ne sont pas des points d'appui. »

Buzot, le penseur de la Gironde, sous la première Révolution, écrit dans ses Mémoires :

« Une autre erreur non moins funeste et plus difficile
» encore à déraciner des cœurs français, c'est de repousser
» la division du Corps Législatif en deux corps séparés et
» indépendants. Le peuple voit toujours le rétablissement
» de la noblesse, et, consultant plus sa haine que sa raison,
» il confond toutes les idées, tous les temps et ne trouve
» dans l'institution la plus sage que le retour des distinc-
» tions et des préjugés qui blessent son orgueil et choquent
» tous les principes. Il me semble que la divison du Corps
» Législatif est la nature même du Gouvernement repré-
» sentatif. Dans cette forme de Gouvernement, il s'agit
» moins de compter les suffrages que de les peser ; moins
» d'exprimer la volonté générale, que d'empêcher qu'elle
» ne soit pas exprimée.

» A cette forme de gouvernement, on ne peut appliquer
» les maximes de Rousseau, que la souveraineté est indi-
» visible, que la volonté générale ne peut errer ; car ce

» n'est pas ici le peuple en corps qui exprime sa volonté,
» mais un corps particulier, élu d'entre les citoyens pour
» exprimer leur volonté supposée. Or, plus on multiplie
» les moyens d'épurer ces volontés individuelles, plus on
» donne de force à leur résultat, plus on présente de
» garantie et d'assurance à la foi publique, plus on
» affermit la conscience et la sécurité des citoyens. Et, si
» les députés se sont écartés de la volonté générale, s'ils
» ont été séduits par leurs passions ou corrompus par
» leur intérêt particulier, qui pourra rectifier leur jugement,
» nous défendre de leurs erreurs et mettre un frein à
» leur volonté partielle, séduite ou égarée, qui ne sera sou-
» mise qu'à ses propres règles ? »

Et plus loin :

« Je ne dis rien de l'ambition de tout détruire, de
» s'emparer de tout et, par conséquent, de bouleverser
» tout, à chaque rénovation des législatures; ambition
» qui naît nécessairement d'un grand pouvoir unique
» qui n'est balancé par aucun autre. Nos malheurs nous
» seront-ils toujours inutiles ? Ne serons-nous jamais
» sages du passé ?

» En suivant les bases isolées sur lesquelles reposent
» toutes les idées connues de Saint-Just, de Robespierre,
» de Barrère, je n'aperçois que le funeste avantage d'avoir
» en France chaque année une révolution nouvelle jus-
» qu'à ce que le peuple, las de sa misère et de l'anarchie,

» retombe enfin, entraîné par son propre poids, dans le
» plus absolu despotisme. »

Boissy d'Anglas, rapporteur devant la Convention, de
la Constitution de l'an III, écrivait après le 9 thermidor :

« Je m'arrêterai peu de temps à vous retracer les
» dangers inséparables de l'existence d'une seule Cham-
» bre ; j'ai pour moi votre propre histoire et le sentiment
» de vos consciences, qui, mieux que vous, pourrait nous
» dire quelle peut être dans une seule Assemblée l'in-
» fluence d'un individu ; comment les passions qui
» peuvent s'y introduire, les divisions qui peuvent y
» naître, l'intrigue de quelques factieux, l'audace de
» quelques scélérats, l'éloquence de quelques orateurs,
» cette fausse opinion publique dont il est si aisé de s'in-
» vestir, peuvent y exciter des mouvements que rien
» n'arrête, occasionner une précipitation qui ne rencontre
» aucun frein, et produire des décrets qui peuvent faire
» perdre au peuple son honneur, si on les maintient, et à
» la représentation nationale sa force et sa considéra-
» tion, si on les rapporte ?

» Dans une seule Assemblée, la tyrannie ne rencontre
» d'opposition que dans ses premiers pas. Si une circons-
» tance imprévue, un enthousiasme, un égarement popu-
» laire lui font franchir un premier obstacle, elle s'arme
» de toute la force des représentants de la nation contre
» elle-même ; elle établit sur une base unique et solide

» le trône de la terreur, et les hommes les plus vertueux
» ne tardent pas à être forcés de paraître sanctionner des
» crimes, de verser des flots de sang avant de parvenir à
» faire une heureuse conjuration qui puisse renverser le
» tyran et rétablir la liberté ! »

Admirables paroles sorties de la plume, du cœur d'un patriote dont la France devrait respecter les conseils et suivre les sages leçons inspirées par l'expérience et l'amour de la liberté !

Sans citer l'opinion des Benjamin Constant, des Royer-Collard, des Tocqueville, Laboulaye, John Stuart-Mill, et tant d'autres, que n'a-t-on pas écrit sur cette éternelle question des deux Chambres, peut-être la plus contro-versée de celles relatives à la théorie du gouvernement représentatif ! Y a-t-il quelques arguments nouveaux à ajouter à ceux dont se sont servis tant d'écrivains, de publicistes, d'orateurs, d'hommes d'État qui ont soutenu ou combattu l'un ou l'autre système ? Nous ne le croyons pas. Et cependant, en présence de théoriciens, de législateurs qui, par fatuité ou ignorance, ferment l'oreille aux aver-tissements de l'histoire et dédaignent les leçons de l'expérience, il est du devoir de ceux qui ont quelque souci de la liberté, du salut de leur patrie, de répéter les choses déja si bien dites et de remettre sous les yeux de ces incorrigibles les exemples funestes qui ne leur ont rien appris.

La division du pouvoir législatif est une loi nécessaire, une garantie de la liberté, une question de vie ou de mort pour la République, et coupables sont ceux qui par esprit de parti, par imitation d'un passé douloureux, persévèrent dans des errements dont l'expérience a, cependant, prouvé les tristes conséquences!

Loin de nous la pensée de vouloir critiquer les grandes choses, les œuvres immortelles des hommes de la Révolution. Mais en fait de Constitution, ils se sont trompés. Ils n'ont rien compris à la division, à la pondération des pouvoirs. Ils ont construit un système qui nous a conduits à l'anarchie, puis au despotisme.

De 1790 à 1791, la Constitution sépare complètement les pouvoirs. Le Roi n'est rien. Il n'a qu'un veto suspensif. L'Assemblée est tout; elle est souveraine, décrète la paix ou la guerre, crée les assignats, fait la Constitution civile du Clergé. Elle est tout à la fois le Pouvoir exécutif sans responsabilité, et le Pouvoir législatif sans barrière. Elle ne touche pas, cependant, au Pouvoir judiciaire.

Mais arrivons à la Convention. Assemblée législative, elle s'empare du pouvoir exécutif et usurpe le pouvoir judiciaire. Par un décret elle se constitue en tribunal; par un autre elle se déclare Chambre d'accusation et jury. Elle se débarrasse de la loi de Février 1791 par laquelle on ne pouvait condamner un homme qui avait pour lui le quart des voix du jury, en faisant une loi par laquelle la majorité suffit; et Louis XVI est condamné à mort.

Mais, sans nous appesantir sur les conséquences terribles de cette omnipotence sans frein, de cette dictature légale, disons un mot de 1848.

Alors apparaissent des hommes qui, se posant en héritiers des principes, des idées, des traditions de la Convention, et y mêlant des utopies socialistes, devaient régénérer le monde, refondre la société, rétablir à tout jamais l'âge d'or, le bonheur éternel, en détruisant la misère et l'inégalité. Quelques mois après, avaient lieu les terribles journées de Juin et les transportations sans jugement; puis l'inquiétude, la peur, l'anarchie, et finalement, au bout de trois ans, le despotisme se présentait aux populations affolées comme leur sauveur, seul capable de rétablir l'ordre dans la nation, la sécurité dans les esprits.

Telles sont les conséquences fatales d'une seule Chambre. Et comment pourrait-il en être autrement?

Une Assemblée unique est exposée à tous les entraînements de l'heure présente, à tous les orages de la passion, à tous les caprices d'une volonté sans frein. N'ayant rien qui gêne sa faculté de faire et de défaire des lois, elle est nécessairement une puissance illimitée, c'est-à-dire une puissance despotique.

Pour obvier à ce danger, on a imaginé la nécessité de trois délibérations: un intervalle de quelques jours entre la proposition, la discussion et le vote ; les deux tiers, les trois quarts des voix. On n'a pas réussi, car c'est un rêve que de vouloir brider les caprices, les colères, la volonté d'une Assemblée unique. Ce n'est pas en elle-même qu'il faut chercher des barrières à sa toute-puissance ; ce n'est pas à elle-même qu'il faut s'en remettre du soin de trouver des garanties contre ses propres entraînements. Utopie que de se fier à la sagesse d'un despote, qu'il ait une tête ou six cents ! Et encore le mal est moindre dans le premier cas, car le despote est responsable devant l'opinion, devant l'histoire, tandis qu'une Assemblée n'est qu'une puissance anonyme et sans responsabilité.

Benjamin Constant, esprit libéral, disait : « La nation » n'est libre que lorsque les députés ont un frein » ; et John Stuart-Mill, qu'on ne peut accuser de timidité dans sa manière d'envisager, de traiter les questions politiques, économiques et sociales, s'exprime en ces termes sur le sujet qui nous occupe :

« La considération qui parle le plus dans mon esprit » en faveur de deux Chambres, c'est le mauvais effet » que produit sur l'esprit de tout possesseur du pouvoir, » que ce soit un individu ou une Assemblée, le sentiment » qu'il n'a que lui à consulter. Il est important que nulle » assemblée d'hommes ne puisse, même temporaire- » ment, faire prévaloir son *sic volo* sans demander le

» consentement de personne autre. Une majorité dans
» une Assemblée unique, quand elle a pris un caractère
» permanent, qu'elle est composée des mêmes personnes
» agissant habituellement ensemble et qu'elle est tou-
» jours assurée de la victoire, devient aisément despo-
» tique et outrecuidante, lorsqu'elle est délivrée de la
» nécessité d'examiner si ses actes seront approuvés par
» une autre autorité constituée. »

C'est ce qu'ont admirablement compris les Américains. Ils ont mis dans leur Constitution fédérale, comme dans celles des États, des barrières à l'usurpation du pouvoir législatif. Nous dirons même que c'est la caractéristique de leurs constitutions.

Tout aussi épris que nous de la liberté et de l'égalité, ils ont jugé nécessaire de le scinder, autant dans l'intérêt de la démocratie que de la liberté. Ils ont senti qu'une seconde Chambre était une garantie contre les usurpations, les faiblesses, les entraînements d'une Chambre unique ; qu'elle était l'organe modérateur de la démocratie, la gardienne de la tradition et de l'esprit de suite dans les relations extérieures — considération encore plus puissante chez un peuple de continent européen, entouré de monarchies constantes dans leurs desseins. Ils ont donc institué le Sénat et lui ont confié des pouvoirs, une auto-rité que ne possède pas la Chambre des Représentants et qui en font un corps souvent indépendant d'elle.

« Faire une République, a dit un publiciste contem-
» porain, avec une seule Assemblée, c'est une contradiction
» dans les termes : gouvernement populaire et pouvoir
» absolu, sont deux choses qui s'excluent. »

Les limites de cette brochure ne nous permettent pas
d'entrer dans des détails touchant les attributions d'une
seconde Chambre, sa constitution et son mode de recru-
tement. Il y aurait beaucoup de choses à dire, et nous
les dirons plus tard. Mais pour le moment nous devons
nous féliciter de ce que les législateurs de 1875 aient eu
la sagesse, la prévoyance de nous doter d'un Sénat, aujourd'hui foncièrement républicain, et qui, dans les jours
d'épreuves que tous les peuples traversent, sera le gar-
dien de la Constitution et le palladium de nos libertés.

Et, quand le moment sera venu, c'est-à-dire quand la
grande voix de l'opinion publique se fera entendre pour
demander une révision, loin de l'amoindrir, loin de le
supprimer, on le fortifiera encore, car il forme avec le
Président de la République et la Chambre des Députés les
trois assises que l'on ne doit pas ébranler, si l'on ne veut
voir s'écrouler l'édifice qui nous a coûté tant de peine et
de sang.

Nous croyons avoir résumé les principaux arguments
contre l'institution d'une Chambre unique ; question de
vie ou de mort pour la République, car ce sont le caprice
et la passion qui règnent. Pouvoir législatif et exécutif

sans contrôle, elle est tout. Rien n'a de prise sur elle, rien ne limite sa toute-puissance. C'est le despotisme sans responsabilité, l'anarchie qui enfante Cromwell et le tribunal révolutionnaire en 1648; Robespierre et le Comité de Salut Public en 1793 ; Bonaparte et Brumaire; Napoléon III et les Commissions mixtes en 1851.

III

Avant 1789, le roi faisait la loi et l'exécutait. Les remontrances du Parlement étaient les seules limites que rencontrât son autorité; et souvent même il les dédaignait. Cette toute-puissance aux racines si profondes effraya le législateur, et il n'eut qu'un but : l'affaiblir et en dépouiller le prince au profit d'une Assemblée.

Alors comme depuis, les partis commirent la faute de regarder le pouvoir et la liberté comme inconciliables. Pour les libéraux, affaiblir le pouvoir, c'était fortifier la liberté ; pour les soi-disant partisans de l'ordre à tout prix, écraser la liberté, c'était fortifier le pouvoir. Double erreur, car, sans une autorité forte, la liberté dégénère en licence; sans la liberté, le pouvoir n'est ni contrôlé, ni contenu. C'est la voie ouverte au despotisme.

Limiter sa sphère d'action, en faire un pouvoir qui n'envahisse pas, devint l'unique pensée du législateur. Il crut fonder la liberté en désarmant le pouvoir exécutif et ne comprit pas qu'en lui enlevant toute autorité effective, il le mettrait hors d'état de faire respecter la loi; il compromettrait la justice et la sécurité publique.

C'est sous l'empire de cette idée que les législateurs de la Constitution de l'an III, hommes éclairés, expérimentés et patriotes, crurent se débarrasser des inconvénients du pouvoir exécutif en le divisant et en le confiant à cinq directeurs. On sait de quelle série de désordres, de coups d'État, de quelle impuissance ce système fut la source et à quoi il aboutit.

En principe, toute fonction exécutive supérieure ou subalterne, doit être le devoir fixe d'un individu.

A notre avis, un pouvoir exécutif bien constitué doit être unique. L'exécution, l'action, voilà son rôle. C'est lui qui applique les lois préparées, discutées, votées par les corps délibérants. Or qui dit action, exécution, commandement, dit unité; car l'absence d'unité de vues et de volonté conduit fatalement au désordre et à l'impuissance.

Et l'on parle de supprimer la présidence de la République! On voudrait confier le pouvoir exécutif à un premier ministre escorté de son cabinet et soumis aux volóntés, aux caprices d'une Chambre unique ! Mais quelle confiance inspirerait au pays un homme qu'un vote de l'Assemblée pourrait renverser quand il lui plairait? Quelle autorité aurait-il sur l'administration ? Quelle impulsion pourrait-il, dans sa situation précaire, imprimer aux affaires ? Quelle œuvre de longue haleine pourrait-il entreprendre ? Obéira-t-on à un ordre qu'aujourd'hui il donnera, et que l'Assemblée désavouera le jour suivant?

Et à l'extérieur, quelle diplomatie fera ce Président sans autorité, qui ne peut répondre du lendemain? Quelles alliances pourra-t-il contracter, quels traités conclure, quand il s'agira d'un vote pour renverser et les hommes et les idées? Quelle sera son attitude en face des monarchies si constantes dans leur politique étrangère, si fidèles, si fortement attachées aux traditions diplomatiques, si arrêtées dans leurs desseins?

Supprimer la Présidence, c'est donc confier les destinées du pays à la mobilité, au despotisme d'une Assemblée ; c'est livrer la France à l'anarchie, à l'intérieur ; à l'isolement, à la faiblesse, à l'extérieur.

Et l'on vient nous parler d'instabilité ministérielle, des fréquents changements de ministres, des compétitions de personnes, des vices du régime parlementaire ! Qu'y aurait-il de changé, si l'état de choses que préconisent les révisionnistes, venait à s'établir? N'aurions-nous pas la même instabilité, les mêmes luttes, les mêmes querelles, les mêmes convoitises? Le pays jouirait-il d'une plus grande sécurité? Pourrait-il mieux compter sur le lendemain? Envisagerait-il l'avenir avec plus de confiance?

Non! Tout serait aggravé; car aujourd'hui les ministres se succèdent, passent et disparaissent. Mais le Président de la République, c'est à dire le pivot de la Constitution, la volonté qui exécute, le bras qui agit, reste et plane au dessus des partis.

C'est une faute grave de traiter le pouvoir exécutif en ennemi. Il est la force au service du droit, et l'affaiblir, c'est compromettre la justice et troubler la sécurité publique. Supprimer la Présidence, faire de cet organe essentiel du gouvernement le simple serviteur de l'Assemblée, le forcer à se courber sous sa volonté, à obéir à ses caprices, ce serait le réduire au rôle de ministre qui se voit chaque jour exposé à offrir sa démission sur une question de cabinet.

Que la France soit en République ou en Monarchie, elle a besoin d'unité, de stabilité dans son gouvernement. Elle aime un pouvoir fortement constitué qui lui garantisse le règne de la loi, la paix, l'ordre matériel et la sécurité morale. Et, si ses gouvernants, cédant à des compromissions douteuses, faisant de dangereuses concessions, se relâchent dans l'exercice de la mission qui leur est confiée et compromettent par faiblesse la Constitution que le pays s'est donnée et dont ils ont la garde, elle s'agite, s'inquiète, s'effraye et se jette à un moment donné aux pieds du premier sauveur, du premier César qui apparaît avec ses promesses mensongères, ses assurances pacifiques et ses grossières flatteries. Il profite de l'état des esprits pour faire ratifier par le peuple sa prise de possession du pouvoir, et la nation énervée, fatiguée, à bout de forces, lui donne un blanc-seing dont il se sert pour confisquer la liberté et chercher dans la guerre, dans le sort des batailles, dans la victoire qu'il espère, la force et le prestige nécessaires à son maintien.

Inutile de continuer. Nous avons souffert dix-huit ans et nous savons ce qui arrive quand la fortune lui est contraire. Tels sont les bienfaits du plébiscite que les soi-disant amis de la France font miroiter devant ses yeux!

IV

Nous ne saurions trop le répéter : la France a soif de stabilité, de calme et d'ordre. Pacifique et laborieuse, elle a renoncé à ses rêves d'ambition et de conquêtes et ne demande qu'à développer son industrie, donner de l'extension à son commerce, améliorer sa position physique, intellectuelle et morale. Elle veut la paix, parce que la paix est la préparation aux éventualités extérieures qui nous menacent. Elle veut l'ordre et la stabilité, parce qu'ils sont la garantie du travail, et qu'elle veut travailler.

Mais ce qu'elle veut aussi, c'est un gouvernement fort, prêt à remplir ses devoirs envers elle, indépendant dans ses actes, ferme en ses desseins, ennemi des complaisances et des transactions dangereuses, résolu à défendre la République qui, pendant dix-huit années, lui a assuré les biens qu'elle désirait ardemment.

Et nous disons « République », parce que c'est elle qu'on vise aujourd'hui.

Nous sommes, en effet, en présence de trois partis qui veulent modifier l'état des choses actuel : ce sont les

Impérialistes, les Monarchistes et quelques Républicains égarés.

Les deux premiers, dont l'union est faite sur le terrain commun de la haine contre la République, demandent la révision et la dissolution pour confisquer par voie plébiscitaire le parlementarisme, au profit d'un chef, qu'il s'appelle Napoléon, Philippe ou Boulanger; c'est à dire pour rétablir le césarisme, car aujourd'hui complices, les monarchistes, demain, seront dupes. Les malins ont entraîné les sots.

Le troisième, persuadé que lui seul est fidèle aux vraies traditions de notre grande Révolution, imbu des mauvais principes de 1793, mais convaincu qu'il travaille pour le bien de la République, réclame la dictature d'une Assemblée par la suppression de la Présidence et du Sénat.

En résumé, ce que ces partis demandent, c'est : l'élimination de la première magistrature de l'État, la suppression du Sénat, la convocation d'une Constituante et l'élection de l'empereur ou du roi par le suffrage universel direct.

Mais comment veut-on faire cette dissolution et cette révision?

Aux termes de la Constitution qui nous régit, le Président de la République peut dissoudre la Chambre avec l'autorisation du Sénat; et, quant à la révision, il faut que non seulement la Chambre l'ait votée, mais que le Sénat y consente. On a pu, il est vrai, trouver parmi les députés, une majorité acceptant en principe la refonte de nos lois organiques; mais nous sommes certains que, lorsque le moment sera venu de décider, de préciser de quelle révision il s'agit, l'entente s'évanouira, chaque parti en voulant une différente.

Nous avons, du reste, trop de confiance dans la sagesse, la perspicacité, le patriotisme de M. Carnot et du Sénat pour supposer un instant qu'ils veuillent se prêter à des mesures qui menaceraient l'existence de la République; et nous affirmons que les ennemis de nos institutions n'obtiendront ni la révision, ni la dissolution et qu'ils se buteront à la résistance légale du Président et du Sénat. Le ministère actuel a pu promettre, à son avènement au pouvoir, une révision sur laquelle il ne s'est pas expliqué et qu'il présenterait à son heure. Que ce soit dans trois mois, dans six mois, dans un an, cette heure ne doit pas venir pour la Chambre actuelle divisée, énervée et presqu'arrivée au terme de son mandat.

Comment! ce serait le lendemain des élections de l'Aisne et du Nord dans lesquelles on a vu le suffrage universel affolé acclamer un général sans passé, sans programme, sans talent, qui exploite les mauvaises passions du peuple et se fait un marchepied des mots " Dissolution " et " Révision " pour monter au pouvoir et étouffer la République et la liberté! C'est au moment où l'on salue ce général du titre de " Porte-drapeau des haines soulevées contre le Parlementarisme " qu'on viendrait demander la suppression du Président et celle du Sénat que tous les patriotes doivent regarder comme la citadelle de la République! C'est dans l'état de trouble, d'indécision, de fermentation où se trouvent les esprits et les partis, qu'on voudrait réunir un Congrès ou une Constituante et leur confier le soin de procéder à une révision que les uns veulent au profit du comte de Paris, les autres pour l'un des deux Bonaparte ou le général Boulanger! C'est au moment où la plus grande incertitude règne dans la situation politique de l'Europe, où les relations extérieures sont tendues au point que la moindre imprudence serait le signal d'une conflagration générale! où l'ennemi surveille, épie nos faits et gestes pour les exploiter contre nous, que nous nous lancerions dans le désordre, le gâchis, la guerre civile qui, certainement, amènerait la guerre étrangère et peut-être l'invasion! C'est à la veille du centenaire de 1789, de cette grande exposition qui réunira tous les peuples pour célébrer la fête de leur émancipation, que nous donnerions l'affligeant spectacle d'une nation reniant son passé et oubliant que son drapeau a porté dans ses plis la déclaration des Droits de l'Homme, l'affranchissement des opprimés, la fin du joug et du despotisme des rois!

Que les républicains — et c'est l'immense majorité —

qui ont quelque souci de la grandeur de leur patrie, qui comprennent le rôle important qu'elle joue dans le monde, sa mission dans un avenir peut-être rapproché, mission à laquelle elle « doit toujours penser sans jamais en parler », s'unissent dans une pensée commune et disent :

Nous ne prétendons pas que la Constitution soit parfaite. Elle a des défauts, des imperfections qu'un jour il faudra corriger. Mais ce n'est pas le moment de le faire. L'agitation est à la surface, dans quelques journaux, dans des réunions publiques violentes. Pour un grand nombre, révision veut dire révolution. Il ne s'agit pas d'améliorer, mais de tout changer; or, le pays ne veut pas de révolution. Il n'appartient pas du reste à une Chambre usée et dont les jours sont comptés d'entreprendre une œuvre aussi importante et dans laquelle elle échouerait au préjudice de la République. Avant de se séparer, elle a tout un programme de questions à traiter, de réformes à exécuter, qui intéressent plus vivement le pays que la modification de quelques articles d'une constitution à l'abri de laquelle nous avons déjà fait tant de bonnes et grandes choses. Laissons à nos successeurs cette tâche délicate, car ils arriveront retrempés dans le suffrage universel, porteurs de ses désirs et de ses aspirations.

Ne détruisons pas en un jour l'œuvre de dix-huit années d'efforts, de luttes et d'épreuves. Ne nous départissons pas de cet esprit de concorde, de discipline, de modération et de fermeté tout ensemble, qui a confondu nos adversaires, nous a valu le respect et l'estime des nations étrangères, et rendu à la France sa grandeur et son influence. Songeons que nous avons un grand devoir de reconnaissance à remplir vis-à-vis de cette République, née au milieu des douleurs de la patrie. mutilée, de cette grande réparatrice de nos ruines et de nos misères ; c'est de ne pas compromettre son existence par nos querelles et nos divisions.

Groupés dans un but commun, unis par un même sentiment de solidarité patriotique, alors seulement nous pourrons faire face à l'ennemi; alors seulement il nous sera permis de dire avec un de nos grands orateurs républicains :

« Nous pouvons regarder d'un œil serein le nuage qui » passe; le soleil n'en sera pas obscurci. »